Schneider-Buch

DAS JOJO-HASENBUCH

Enid Blyton

Jojo und der Honigdieb

ILLUSTRIERT VON INGEBORG HAUN

Inhalt

Jojo und der Honigdieb

Es war ein schöner Sommertag, da wollte der Bär nach seinen Honigvorräten sehen. Dabei entdeckte er, daß die Hälfte seiner Honigtöpfe leer waren. Natürlich ärgerte ihn das furchtbar. Er brüllte und tobte, er heulte und stampfte vor

Wut mit seinen großen Tatzen auf. Schließlich schwor er sich, daß er den Honigdieb fangen würde, und wenn er ein Jahr lang nach ihm suchen müßte!

Meister Petz trottete aus seinem Haus. Und wen traf er auf dem Weg zum Wald? Niemand anderen als den Wolf. Der Wolf wollte nämlich nachsehen, ob der Bär schon ausgegangen war. Denn der Wolf naschte sehr gern vom Honig! Er war auch der Honigdieb.

„Jemand ist an meinen Honigtöpfen gewesen, Wolf! Jemand hat

meinen Honig gestohlen!" brüllte der Bär. „Wer könnte es wohl gewesen sein, was meinst du? Ich werde den Schuft suchen, das sage ich dir! Und wenn ich ihn finde, drücke ich ihn so fest, daß ihm die Luft wegbleibt!"

Der Wolf machte ein erschrokkenes Gesicht. Er schielte auf die riesigen Pranken des Bären und bekam es mit der Angst zu tun.

„Paß mal auf", sagte er. „Gestern bin ich diesem Schlitzohr Jojo begegnet, und sein Schnurrbart war voller Honig. Jawohl, Meister Petz, du wirst es schon sehen! Jojo

ist der Dieb!"

„Hab ich's mir doch gedacht!" brummte der Bär erbost. „Dieser Jojo ist immer da, wo er nicht sein soll! Aber diesmal wird er es büßen!"

Er trottete davon, um Jojo zu suchen. Und als er so durch den Wald lief, saß da wirklich Jojo auf einem Baumstumpf und putzte seinen Schnurrbart.

„Du putzt dir wohl den Honig aus deinem Schnurrbart?" brüllte der Bär und stürmte auf Jojo zu.

„Also hör mal, Meister Petz", rief Jojo erschrocken, als der Bär ihn

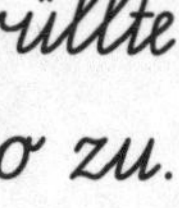

vom Baumstamm zerrte. „Was soll das? Darf ich meinen Schnurrbart nicht mehr putzen?"

„Nicht, wenn mein Honig daran klebt!" tobte der Bär. „Ich werde dich drücken, Jojo – ja, ich werde dich so lange und so fest drücken, bis du mir sagst, wo du meinen Honig versteckt hast!"

Inzwischen hatte sich auch der Wolf angeschlichen und beobachtete den Streit. Entzückt rieb er sich die Pfoten und dachte: Na, diesmal wird sich Jojo nicht wieder mit seinen Tricks retten können!

Der Bär hatte Jojo gepackt und

begann ihn mit seinen mächtigen Tatzen so fest zu drücken, daß der arme Hase kaum noch Luft bekam.

„Hör auf, Meister Petz, hör auf!" keuchte Jojo. „Glaub mir doch, ich weiß nichts von deinem Honig!"

„Du sagst mir jetzt, wohin du

meinen Honig gebracht hast, dann laß ich dich los", erwiderte der Bär. „Heraus damit! Wenn du's nicht sagst, wirst du es bereuen!"

Jojo merkte, daß der Bär es ernst meinte. Er überlegte fieberhaft, wie er sich retten könnte.

„Meister Petz, wie kann ich dir sagen, wo dein Honig ist? Du drückst mich ja so fest, daß ich keine Luft mehr kriege!" keuchte Jojo.

Der Bär lockerte seinen Griff ein wenig. „Wirst du es mir sagen, Jojo?" brummte er drohend.

„Ich bin nicht sicher, wo dein

Honig ist. Aber ich glaube, du erlebst eine schöne Überraschung, wenn du mal im hohlen Baum am Weiher nachsiehst", sagte Jojo. Und er schnappte nach Luft.

„Meinst du wirklich, daß ich eine schöne Überraschung erleben werde?" fragte der Bär und drückte Jojo wieder fester.

„Bitte, laß mich los, Meister Petz!" flehte Jojo. „Du zerquetschst mir ja alle Rippen. Ich sag dir's doch, dort im hohlen Baum wirst du bestimmt eine schöne Überraschung erleben!"

Endlich ließ ihn der Bär los. Er

trabte zum Weiher hinunter. Der Wolf und Jojo folgten ihm. Allerdings konnte der arme Jojo kaum noch gehen.

Schließlich war der Bär beim hohlen Baum angelangt. Er kletterte am Stamm hoch und streckte seine Pfote in das Loch. Doch das Loch war sehr tief, und er griff ins Leere.

„Du mußt durch das Loch in den Baum kriechen!" rief ihm Jojo zu.

Der Bär kroch wirklich durch das Loch und sprang ins Innere des Baumes. Gleich werde ich eine Menge Honig finden, dachte er. Aber da täuschte er sich. In dem hohlen Baum lebte nämlich Vetter Wildkatze mit seiner Frau und seinen Kindern.

Als Meister Petz auf die Wildkatzenfamilie herunterplumpste, gab es einen schrecklichen Aufruhr. Alle Wildkatzen fuhren mit ihren Krallen auf den Bären los. Vetter Wildkatze und seine

Frau gruben ihre scharfen Zähne in seine Tatzen.

Der Bär wußte kaum, wie er sich seiner Haut wehren sollte. Von allen Seiten wurde er gekratzt und gebissen.

„Uff! Aua, autsch! Jaaauuul! Aua!" heulte und knurrte der arme Bär.

„Kchch-chch! Grrrr!" fauchten die Wildkatzen.

Und der arme Bär schoß wie ein Pfeil wieder aus dem Baumloch heraus, bedeutend rascher, als er hineingekrochen war! Er war so schnell wie ein Wiesel – der schnellste Bär, den Jojo je gesehen hatte.

„Du hast gesagt, daß ich meinen Honig im Baum finde!" schrie er Jojo zu.

„Hab ich nicht!" rief Jojo zurück. „Ich habe nur gesagt, daß du eine schöne Überraschung erleben wirst, wenn du im hohlen Baum nachsiehst. Aber wenn du den Honigdieb finden willst, Meister Petz, dann komm hierher und sieh dir den Wolf an! An seiner Nase klebt Honig. Bestimmt ist er an deinen Honigtöpfen gewesen."

Damit drehte sich Jojo um und

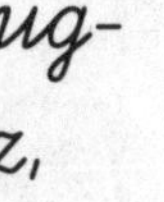

hoppelte davon. Und der alte Wolf bekam von Meister Petz einen solchen Hieb auf die Nase, daß ihm die Lust am Honignaschen verging.

Der Bär aber wagte sich monatelang nicht mehr in die Nähe eines hohlen Baumes; nicht

einmal, wenn er Bienen heraus-
fliegen sah und wußte, daß Honig
darin war. Nein – er hatte viel
zu große Angst, wieder eine schöne
Überraschung zu erleben.

Jojo und der Wolf mit den Hörnern

Eines Tages beschlossen alle Tiere mit Hörnern, sich zu treffen. Sie wollten darüber beraten, wie sie sich gegen die Tiere schützen könnten, die Zähne und Krallen hatten. Die lauerten ihnen nämlich überall auf, um sie zu packen.

So schickten die gehörnten Tiere ihre Boten über das ganze Land und bereiteten eine Versammlung im Wald vor. Und als der vereinbarte Tag herankam, machten sich ganze Scharen auf den Weg. Sie trampelten durch das Gebüsch, sie brüllten und muhten, sie blökten und schnaubten. Noch nie zuvor hatte jemand so viele Tiere mit Hörnern auf einmal gesehen!

Berthold Bulle war gekommen und übernahm die Leitung der Versammlung. Auch Ottfried Ochse war anwesend. Er stampfte ungeduldig mit seinen Hufen. Mutter

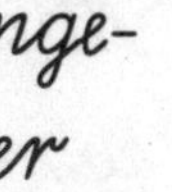

Kuh peitschte mit dem Schwanz, und Zacharias Ziegenbock wackelte mit seinem Bart und redete auf Mutter Kuh ein. Das alte Einhorn war ebenfalls erschienen. Sein

langes, großes Horn stand senkrecht in die Luft. Unter all den vielen Tieren war auch Willi Widder mit seiner Geige. Und das Nashorn hatte sich schnaufend eingefunden. Es war sehr dick und brauchte eine ganze Menge Platz.

Noch viele andere Tiere waren

gekommen – zu viele, um sie alle aufzuzählen.

Nun hatte auch der Wolf von dieser Versammlung gehört, und er war entschlossen, mit hinzugehen. Da er sehr neugierig war, wollte er wissen, worum es bei diesem Treffen ging. Außerdem dachte er, daß er sich bei dieser Gelegenheit vielleicht mit einem von Willi Widders Kindern davonschleichen könnte.

Der Wolf wußte jedoch nicht, wie er verhindern sollte, daß ihn die anderen Tiere erkannten. Jedes Tier, das ohne Hörner bei der Ver-

sammlung erschien, würde von den anderen natürlich sofort bemerkt werden. Und eines war dem Wolf klar: Wenn er nicht aufpaßte, würde er ihre Hörner zu spüren bekommen!

Er setzte sich also hin und dachte heftig nach. Zu dieser Ver-

sammlung wollte er unbedingt gehen. Wie sollte er sich aber unbemerkt unter die anderen Tiere mischen?

Bald kam dem Wolf ein Einfall, den er für sehr schlau hielt. Er grinste in sich hinein und schlich in den Wald. Dort schnitt er zwei Ästchen von einem Baum, die sich in der Mitte gabelten. Die befestigte er auf seinem Kopf.

Die Ästchen ähnelten wirklich den Hörnern eines Ziegenbocks – der Wolf aber sah plötzlich wie ein sehr, sehr seltsames Tier aus. So machte er sich auf den Weg zur

Versammlung und mischte sich unter die anderen Tiere.

Zufällig war jedoch Jojo gerade im Wald, als der Wolf dahergeschlichen kam. Er wunderte sich sehr über dieses Tier, das wie der Wolf aussah, aber Hörner auf dem

Kopf hatte. Rasch sprang Jojo ins Gebüsch.

„Herrje!" sagte er zu sich selbst. „Es reicht wohl nicht, daß der Wolf Zähne und Krallen hat. Jetzt hat er sich auch noch Hörner zugelegt. Ich möchte wissen, was dahintersteckt."

Jojo vermutete gleich, daß der Wolf etwas im Schilde führte. Deshalb beschloß er, ihn nicht aus den Augen zu lassen. Er folgte ihm und kroch dabei durchs Gebüsch, so daß der Wolf ihn nicht sehen konnte.

Sehr bald kam auch er zu der

Versammlung. Weil Jojo aber keine Hörner hatte, blieb er im Gebüsch und lag dort, ohne auch nur mit einem Ohr zu zucken.

Als der Wolf zwischen den anderen Tieren auftauchte, wurde er von Berthold Bulle bemerkt.

„Was bist denn du für einer?" fragte Berthold Bulle verdutzt, denn so ein Tier hatte er noch nie zuvor gesehen.

„Muuu-uh!" machte der Wolf. „Ich bin das kleine Karlchen Kalb."

Berthold Bulle sah den Wolf prüfend über den Rand seiner

Brille an. Der Wolf senkte den Kopf und machte muhende Geräusche, so gut er konnte. Dann rief jemand nach dem Bullen, und der Wolf verkroch sich zwischen den anderen Tieren. Dabei schnupperte er alle an, die ihm begegneten.

Nun begannen sich die Tiere zu

unterhalten. Sie erzählten einander, wie böse die Tiere mit den scharfen Zähnen und Krallen doch waren.

Während sie so redeten, kam plötzlich eine große Bremse angeflogen. Da vergaß der Wolf ganz, daß er sich eigentlich wie ein Tier mit Hörnern benehmen sollte. Und er tat etwas, was kein Hornvieh jemals tut: Er schnappte nach der Bremse.

Die ganze Zeit über hatte sich Jojo im Gebüsch versteckt gehalten und den Wolf beobachtet. Als er ihn nach der Bremse schnappen

sah, lachte er laut auf.

Berthold Bulle hörte ihn lachen. Er brüllte zornig: „Wer lacht da? Was ist das für ein schlechtes Benehmen auf dieser Versammlung?"

Niemand antwortete ihm. Berthold Bulle blickte sich um.

Plötzlich war es ganz still im Wald.

Da rief Jojo:

„Wo hast du deine Augen,
Bulle, sprich!
Ein Kalb, das nach Fliegen
schnappt, gibt's doch nicht!"

Die gehörnten Tiere sahen sich verdutzt an. Sie wunderten sich, was das wohl bedeuten mochte. Der Wolf aber hatte Jojos Stimme erkannt. Er war schrecklich wütend auf ihn, konnte aber nichts gegen ihn machen.

Kurze Zeit später stach den Wolf

ein Floh in den Hals. Da überlegte er nicht lange, setzte sich hin und kratzte sich mit der Hinterpfote. Und das ist etwas, was keine Kuh, kein Kalb und kein Ochse tut!

Da lachte Jojo wieder laut und störte die Versammlung von neuem. Berthold Bulle brüllte vor Zorn. Sobald er sich beruhigt hatte und alles still war, rief Jojo so laut er konnte:

„Seht ihr die Pfote mit den Krallen daran?
Wer kennt ein Kalb, das sich kratzen kann?"

Der Wolf bekam es langsam mit der Angst zu tun. Von den gehörnten Tieren schien jedoch keines zu begreifen, was Jojo meinte. Sie beachteten den Wolf überhaupt nicht.

So kauerte sich der Wolf hinter Willi Widder auf den Boden, um sich vor Berthold Bulle zu verstecken. Dabei streckte er seinen langen Schweif aus. Es dauerte nicht lange, da trat ihm Mutter Kuh aus Versehen darauf. Unwillkürlich heulte der Wolf laut auf, und Jojo lachte wieder.

„Wer lacht da und stört unsere

Versammlung?" brüllte Berthold Bulle.

Als keiner ein Wort sagte, schrie Jojo aus seinem Versteck:

„Aus Federn ein Schwänzchen
hat die Gans,
doch wo gibt's ein Kalb mit
buschigem Schwanz?"

Der Wolf duckte sich hinter Willi Widder und versuchte seinen Schweif zu verstecken. Es schien ihn auch niemand weiter zu beachten – keiner, mit Ausnahme von Berthold Bulle. Und der beobachtete den Wolf genau!

Ja, der Wolf merkte, daß ihm Berthold Bulle geradewegs in die Augen sah. Das behagte ihm gar nicht. Er hatte furchtbare Angst.

Die Versammlung ging weiter, und der Wolf fürchtete sich immer mehr. Er merkte nämlich, daß Berthold Bulle sich durch die Menge drängte und immer näher an ihn herankam.

Jojo dachte auch nicht daran, den Mund zu halten – im Gegenteil! Er schrie noch lauter als zuvor:

„Ein Löffel Mehl macht noch keinen Teig,
ein Zweig ist kein Horn, und ein Horn ist kein Zweig!"

In diesem Augenblick sah Berthold Bulle, daß die Hörner auf dem Kopf des Wolfes gar keine Hörner waren, sondern nur zwei gegabelte Ästchen! Er schnaubte vor Wut, senkte drohend den Kopf und stürmte auf den Wolf zu.

Der Wolf jaulte erschrocken. Er wollte sich mit einem Satz retten, aber Berthold Bulle stach mit den Hörnern nach ihm. Da vollführte

der Wolf vor Schreck und Schmerz einen Luftsprung und raste heulend durch den Wald davon.

An alldem aber war Jojo schuld. Der Wolf war natürlich sehr böse auf ihn. Er beschloß, so zu tun, als wäre er an den Verletzungen gestorben, die Berthold Bulle ihm mit seinen Hörnern zugefügt hatte. Also streute er das Gerücht aus, daß er tot wäre.

Jojo hielt das durchaus für möglich. Er hatte ja selbst gesehen, wie Berthold Bulle mit seinen Hörnern auf den Wolf losgegangen war.

Also ging Jojo zum Haus des Wolfes, um die Wahrheit herauszufinden. Das Haus betrat er aber nicht. Er hatte nicht vergessen, wie oft ihn der Wolf schon an der Nase herumgeführt hatte. Deshalb spähte er nur durch den Türspalt.

Da sah Jojo, daß sich ein paar von den anderen Tieren im Haus des Wolfes versammelt hatten. Sie standen um sein Bett herum. Jojo begrüßte sie und sagte: „Ach, der arme Wolf! Berthold Bulle hat ihn also getötet. O mein Gottchen! Sagt mal, Leute, habt ihr gesehen, ob der Wolf lacht?"

„Nein, der Wolf lacht nicht", erwiderten die anderen Tiere. „Warum sollte er denn lachen, Jojo?"

„Ach", sagte Jojo, „Wölfe sind seltsame Tiere, wißt ihr. Sie sind erst dann wirklich tot, wenn sie den Mund zu einem Grinsen verziehen. Sagt mir also, ob der Wolf lacht; dann weiß ich sicher, daß er tot ist."

Das hörte der Wolf, der im Bett lag und sich tot stellte. Und weil er wollte, daß Jojo ihn für tot hielt, grinste er von einem Ohr zum anderen!

Da wußte Jojo natürlich, daß er noch lebte. Und er drehte sich um und hoppelte nach Hause. Unterwegs aber machte er immer wieder halt, setzte sich ins Gras und lachte, bis er einen Schluckauf bekam.

Jojo rettet die Schildkröte

An einem Tag im Mai spazierte der Fuchs die große Landstraße entlang. Da sah er die alte Schildkröte den Weg entlang kriechen. Meister Reineke wußte, daß die Schildkröte eine gute Freundin des Hasen Jojo war. Und er dachte,

dies wäre eine günstige Gelegenheit, die Schildkröte zu fangen. Der Fuchs hatte nämlich gerade erst einen Streit mit dem Hasen gehabt. Deshalb war er sehr schlecht auf jeden zu sprechen, der mit Jojo befreundet war.

Rasch lief Meister Reineke zu seinem eigenen Haus, das nicht weit entfernt war. Dort holte er einen Sack. Damit lief er wieder die Landstraße entlang, stürzte sich von hinten auf die Schildkröte, packte sie und steckte sie in den Sack. Dann warf er sich den Sack mit der Schildkröte über die

Schulter und machte sich auf den Heimweg.

Die arme Schildkröte schrie um Hilfe, doch es nützte ihr nichts. Sie zappelte und strampelte! Aber es

war umsonst. Der Fuchs ging einfach mit seinem fest zugeschnürten Sack weiter.

Doch wo war Jojo, der langohrige Hoppelhase, während das alles passierte? Er war gar nicht weit entfernt, das könnt ihr mir glauben!

Meister Reineke lief die Straße entlang. Im Gebüsch am Straßenrand aber saß Jojo. Er sah den Fuchs vorüberschleichen. Dabei bemerkte er auch den Sack auf seinem Rücken.

„Was mag der Fuchs wohl in seinem Sack haben?" sagte Jojo zu

sich selbst. „Ich möchte wirklich wissen, was es ist!"

Und je länger Jojo da im Gebüsch saß und nachdachte, desto weniger kam er darauf, was es sein mochte.

Jojo sah dem Fuchs nach, wie er heimwärts wanderte.

„Hm!" murmelte er schließlich. „Der Fuchs hat kein Recht, etwas herumzutragen, wovon andere nichts wissen! Jetzt weiß ich, was ich tun werde: Ich laufe ihm nach und finde heraus, was in dem Sack ist."

Damit hoppelte Jojo los. Da er keinen Sack tragen brauchte, kam er sehr schnell voran. Schließlich nahm er noch eine Abkürzung. Und bis Meister Reineke nach Hause kam, hatte Jojo Zeit gehabt, in den Garten des Fuchses zu gehen und eine Menge Erdbeerpflanzen zu zertreten.

Als er das getan hatte, versteckte er sich hinter einem Haselnußstrauch. Von dort aus konnte er den Fuchs kommen sehen.

Endlich tauchte Meister Reineke mit seinem Sack über der Schulter auf. Er schloß die Haustür auf und schleuderte den Sack mit der Schild-

kröte in eine Ecke. Dann setzte er sich auf einen Stuhl, um auszurasten, denn die Schildkröte war groß und schwer.

Kaum hatte der Fuchs seine Pfeife genommen und nach den Streichhölzern gegriffen, um sie anzuzünden, da streckte Jojo den Kopf durch die Tür. Er schrie: „He, Meister Reineke! Schnell, nimm deinen Stock und komm heraus! Ich bin gerade vorbeigegangen und hab Lärm in deinem Garten gehört. Als ich über den Zaun sah, waren viele Wildschweine in deinen Beeten. Die sind auf deinen Erdbeer-

pflanzen herumgetrampelt! Ich hab geschrien, sie sollen verschwinden. Aber sie haben sich um so einen kleinen Kerl wie mich nicht weiter gekümmert. Komm rasch, Meister Reineke, mach schnell! Nimm deinen Stock und lauf in den Garten! Ich würde ja gern mitkommen, aber ich muß jetzt nach Hause. Du mußt dich beeilen, wenn du deine Erdbeeren noch retten willst. Lauf doch, lauf los!"

Damit verschwand Jojo wieder hinter dem Haselnußstrauch. Der Fuchs ließ seine Pfeife fallen, packte

seinen Stock und stürmte in den Garten hinaus. Kaum war er verschwunden, da sprang Jojo aus seinem Versteck hervor und schlüpfte ins Haus.

Er war leise wie eine Maus. Rasch sah er sich um. Dort in der Ecke lag der Sack. Jojo griff danach, um festzustellen, was darin war.

Plötzlich schrie eine Stimme aus dem Sack:
„Autsch! Verschwinde! Laß mich in Ruhe! Laß mich los, du gemeiner Kerl! Aua!"

Jojo machte vor Erstaunen einen

Luftsprung. Dann fing er zu kichern an.

„Die Stimme kenne ich doch!" sagte er. „Ich glaube, das ist keine andere als die Schildkröte!"

„Bist du das, Jojo?" schrie die Schildkröte aus dem Sack.

„Jawohl, ich bin's", bestätigte Jojo.

„Dann mach schnell und hol

mich da heraus", bat die Schildkröte. „Meine Kehle ist voller Staub. Ich habe Sand in den Augen und kriege kaum Luft. Hol mich heraus, Jojo!"

„Na so was, Schildkröte!" sagte Jojo. „Du bist viel schlauer als ich, denn du liegst da im Sack, und ich habe wirklich keine Ahnung, wie du hineingekommen bist!"

Die Schildkröte versuchte es ihm zu erklären, und Jojo kicherte weiter. Dabei schnürte er aber den Sack auf und befreite seine alte Freundin. Dann brachte er sie ins Freie, hinter den Haselnußstrauch.

Den Sack nahm Jojo mit.

Als die Schildkröte in Sicherheit war, rannte Jojo zu einem hohlen Baum am Waldrand. Er wußte, daß in diesem Baum ein Wespennest hing, so groß wie ein Fußball.

Dicht über dem Boden war ein Loch im Baumstamm. Durch das schlüpfte Jojo hinein. In der Baumhöhle hing das Wespennest. Jojo legte einen Stein über das Einschlupfloch der Wespen, so daß keine mehr herausfliegen konnte. Dann warf er das Wespennest in den Sack.

Mit dem Sack voller Wespen

hoppelte Jojo zu Meister Reinekes Haus zurück. Dort schleuderte er den fest verschnürten Sack auf den Boden.

Beim Aufprall wurden alle Wespen aufgescheucht und gerieten in schreckliche Wut. Sie summten wild im Sack herum und begannen sofort, Löcher in den Stoff zu nagen.

Bald sah Jojo den Fuchs aus seinem Garten kommen, wo er nach den Übeltätern gesucht hatte. Natürlich hatte er niemanden gefunden. Da hatte der Fuchs seine Erdbeerpflanzen wieder aufgerichtet und die zerdrückten Früchte eingesammelt. Auch Meister Reineke war schrecklich böse. Er knirschte vor Wut mit den Zähnen.

Als er seine Haustür erreichte, war Jojo schon wieder hinter dem Haselnußstrauch verschwunden. Dort saß er mit der Schildkröte und wartete gespannt, was weiter geschehen würde.

Der Fuchs ging in sein Haus und schlug mit dem Stock auf den Boden. Er war so wütend, daß er schwor, die Schildkröte so lange zu schütteln, bis sie den Verstand verlor.

Meister Reineke schmetterte die Tür hinter sich zu. Jojo und die Schildkröte lauschten mit angehaltenem Atem. Zuerst hörten sie gar nichts. Dann aber brach plötzlich ein Höllenlärm los.

„Das klingt ja, als ob eine ganze Kuhherde in Meister Reinekes Haus herumtrampeln würde!" sagte Jojo vergnügt zur Schildkröte.

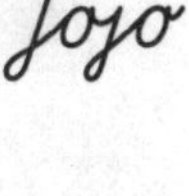

„Ich höre Stühle umfallen", erwiderte die Schildkröte.

Jojo nickte. „Und jetzt ist der Tisch umgestürzt!"

„Das kracht und klirrt, als würde eine Menge Geschirr zerbrechen", sagte die Schildkröte.

Jojo grinste vor Vergnügen von einem Ohr zum anderen. „Na, der Fuchs scheint ja einen tollen Kampf mit den Wespen auszufechten! Muß das eine Überraschung gewesen sein, als er den Sack öffnete, um dich herauszuholen – und statt dessen war ein Wespennest drin!"

Kaum hatte Jojo das gesagt, da flog die Haustür auf. Meister Reineke kam herausgestürzt. Er kreischte und jaulte, als hätte ihn eine ganze Meute Hunde am Schwanz gepackt. Die Wespen umschwirrten ihn und stachen

ihn, wo sie ihn nur erwischen konnten.

Der Fuchs rannte wie ein Blitz zum Fluß und sprang kopfüber ins Wasser. Jojo und die Schildkröte aber saßen hinter dem Haselnußstrauch und lachten und

lachten, bis Jojo sich im Gras wälzte und sagte: „Ich kann nicht mehr! Wenn ich jetzt nicht gleich zu lachen aufhöre, mußt du mich nach Hause tragen."

„Dann setz dich nur auf meinen Rücken, Jojo", erwiderte die Schildkröte. „Ich trage dich gern heim. Geschieht dem Fuchs ganz recht! Das ist die Strafe dafür, daß er mich gefangen und in einen schmutzigen Sack gesteckt hat."

Endlich zogen die Wespen ab, und der Fuchs traute sich wieder aus dem Wasser. Wie es allerdings geschehen konnte, daß anstelle der

alten Schildkröte ein Schwarm Wespen aus dem Sack herauskam, weiß er bis heute nicht. Und Jojo hat es ihm natürlich auch niemals verraten.

Schneider-Buch

Titel der englischen Originalausgabe:
ENID BLYTON'S FIRST BRER RABBIT BOOK
erstmalig erschienen bei Latimer House Ltd., London, 1948

Übersetzung Ursula Dotzler
Deckelbild und Illustration Ingeborg Haun
Redaktion Monika Raeithel-Thaler
ISBN 3 505 08342 9
Bestellnummer 8342

ENID BLYTON

Jojo und die Wundertasche

Der Hase Jojo hat 's nicht leicht! Seine Widersacher Fuchs und Wolf würden ihn gar zu gerne fangen. Aber Jojo ist schlau und macht sich einen Spaß daraus, die Bösewichte ordentlich zu foppen.

Das Besondere dieses Buches:
Der 1. Band der Reihe „Das Jojo-Hasenbuch“. Der Unterlegene, aber Schlaue siegt, die bösen Starken ziehen den kürzeren.

Schneider-Buch

ENID BLYTON

Jojo rettet die Gans

Da stimmt doch was nicht! denkt Jojo, und tatsächlich läßt ihn seine Häschen-Nase nicht im Stich. Denn seine Feinde, Fuchs und Bär, haben sich wieder einige böse Fallen ausgedacht. Doch Jojo ist ein schlauer Hase und zeigt ihnen, wer der Klügere ist ...
Vier lustige Hasengeschichten mit dem trickreichen Jojo.

Das Besondere dieses Buches:
Der 2. Band der Reihe „Das Jojo-Hasenbuch“, diesmal in Schreibschrift. Der Unterlegene, aber Schlaue siegt, die bösen Starken ziehen den kürzeren.

Schneider-Buch

KARLHANS FRANK

Hansi und die Schildkröte

Detektiv Hansi hat heute seinen großen Tag: Er wird so alt, wie du bei deinem letzten Geburtstag geworden bist. Er ist also schon ziemlich groß, der Hansi. Und dazu ist er ein ganz heller Kopf. Nur gut, denn das Kuchenteig-Monster hat zugeschlagen! Und ein kleines grünes Männchen sorgt für große Aufregung . . . Zwei knifflige Fälle für Detektiv Hansi und seine Schildkröte Schelli.

Das Besondere dieses Buches: Spaßige kleine Detektivgeschichten zum Mitraten. Die „böse Tat“ entpuppt sich als liebenswerte Schwäche eines Familienmitglieds, über die man herzlich lachen kann.

Schneider-
Buch